LES SECRETS DU BONHEUR

Écrivain et scénariste, Janine Boissard, est l'auteur d'une trentaine de romans. Après des débuts dans la Série Noire, c'est avec une suite romanesque pleine de tendresse et d'expérience vécue (*L'Esprit de famille, L'Avenir de Bernadette, Claire et le bonheur, Moi, Pauline, Cécile et son amour*) qu'elle connaît le succès. Un feuilleton télévisé est réalisé pour les quatre premiers volets de cette saga et remporte le suffrage des téléspectateurs. *Une femme en blanc, Belle grand-mère* et *Marie-Tempête*, également adaptés pour le petit écran, réunissent un vaste public.
Son dernier livre, *Pitié pour petit Paul*, est sorti chez Fayard en 2001.

JANINE BOISSARD

Les Secrets du bonheur

ALBIN MICHEL

Préface

J'avais quel âge ? Celui du saut à l'élastique. On se lance dans le vide, oiseau porté par d'irrésistibles flux de vie, d'envies. On dégringole, plombé par l'incertitude ou le doute. Les parents hurlent. On reste un moment sage, entre deux courants. Et puis on recommence parce qu'on ne peut pas faire autrement. Cela s'appelle l'adolescence.

Aujourd'hui, dans ma classe de troisième, au lycée, c'était un grand jour : celui de notre première dissertation. Au panier, les débiles : " Racontez votre plus beau souvenir de vacances " ou " Vous vous retrouvez dans la peau de votre animal favori ". Nous allions avoir à donner notre avis sur un problème de fond : un problème " existentiel ", disait gravement notre professeur de français. Et moi qui ne brillais qu'en cette matière et étais avide d'exister, je brûlais d'impatience. Cramponnez-vous, illustres penseurs et autres philosophes. Vous allez voir ce que vous allez voir !

Le sujet fut tracé en belles lettres sur le tableau noir.

" Le bonheur est quelque chose de si vague que nous en sommes réduits à le rêver. " C'était signé comte de Belvèze.

Mon enthousiasme vola en éclats. " Quelque chose de vague ", le bonheur ? Cette pomme d'or dans laquelle tous rêvaient de croquer ? Cet éclatant dessein au cœur et aux tripes de l'homme ? Et " réduits à le rêver " ? Il était vraiment à côté de ses escarpins, ce tout petit comte de Belvèze. Il allait m'entendre.

Je l'assassinai à grands coups rageurs de plume et récoltai un deux sur vingt, assorti à l'annotation suivante : " Une dissertation n'est pas une exécution. "

Je campai sur mes positions : à nous deux, le bonheur !

Cette année-là, je tombai amoureuse pour la première fois. " Tomber " était le mot.

Un amour impossible qui, lorsque l'aventure s'acheva, dépeupla tout autour de moi et vida mon cœur et mon corps.

Cette même année, un ami à peine plus âgé que moi fut emporté par un cancer. Alors, voyez-vous, le bonheur, rêvé ou non, il ne fallait plus m'en parler. Durant quelque temps, l'élastique fit des tortillons et je me contentai de survivre comme tout le monde.

Et puis...

Et puis c'est le printemps et nous passons en famille le week-end à la campagne. Les oiseaux m'ont réveillée tôt. Oh, je sais bien que leur chant n'est pas dû à l'allégresse mais à la nécessité de délimiter leur territoire : " C'est là, c'est moi et qu'on ne vienne pas m'embêter ! " J'ouvre ma fenêtre qui donne sur le jardin. Froid ? Tant pis. Tant mieux. L'herbe est recouverte d'une gaze qui crépite en se dissipant. Partout, ça murmure sous le soleil. Papa est en haut qui ne fait pas de gâteau mais tient maman dans ses bras. Mes quatre sœurs et mon frère s'éparpillent au gré des chambres mansardées.
Tels que je les connais, ils en ont encore pour une bon moment à ronfler. Eux n'ont pas d'états d'âme ! Respirons puisqu'on est là. Une bonne bolée d'air tout neuf.

Aujourd'hui, quel programme ? Une balade à vélo avec pique-nique au bout. Une soirée entre copains où le tourne-disque ne chômera pas. On dansera peut-être.

Et soudain voilà que monte dans ma poitrine une sensation bizarre : ça dilate, tu planes. C'est mieux que le saut à l'élastique qui bombarde ta tête d'étoiles. Plus calme. On dirait... un tranquille accord de piano, les dix doigts enfoncés au cœur de la musique, un accord qui se prolonge longtemps après que le son se soit dissipé. Il vous semble faire partie d'un grand orchestre, y avoir votre place, en harmonie avec les autres.

Ce que j'éprouve à cet instant, ne serait-ce pas...

Pauline, l'héroïne de l'Esprit de Famille, répondra pour moi :" Je crois que maintenant, je pourrais parler du bonheur. "

Arrêtez ! Vous les petits marquis de la pensée unique, les doctrinaires du désenchantement, qui prétendez faire la pluie et le beau temps dans nos têtes, arrêtez de ricaner lorsqu'on vous parle de bonheur : " Quoi, vous croyez encore à cette vieille lune ? " Cessez de prendre pour des imbéciles ou des ringards ceux qui ont choisi de le mettre dans leurs paroles, leurs écrits ou leurs chansons plutôt que de se complaire dans la morosité, le sordide, quand ce n'est pas dans l'abjection. Et viva la muerte.

Vous êtes des nantis qui crachez dans la soupe, ou plutôt dans le champagne des cocktails où vous promenez vos mines désabusées, vos vilaines moues de gros gâtés. Gâtés par une éducation qui vous a offert les clés ouvrant les portes du bonheur en vous apprenant à reconnaître la beauté, synonyme de joie, partout où elle se trouve. Bien que niant leur importance, vous êtes solidement calés dans vos racines. Vous n'êtes pas de ceux qui, pour vous sentir exister, avez besoin de vous éclater aux son d'une Rave, au boucan d'un gros cube ou de hurler en chœur dans un stade.

Le bonheur, tous en rêvent et vous le savez bien. De celui qui se fourvoie en amassant encore et encore, sans jamais combler son vide, au pauvre paumé sous son toit de carton qui refuse la main qu'on lui tend de peur de tomber de plus haut après y avoir goûté.

Mais voilà : le bonheur n'est pas à la mode, ni les mots qui lui font cortège : respect, honneur (et non pas " les " honneurs), estime, foi, courage. Tout cela se passe du côté de l'âme et cela vous gêne. Pour vous, l'âme aussi est une vieille lune.

N'avez-vous jamais pensé qu'en dénigrant ces valeurs qui vous ont permis, à vous, de pousser à peu près droit, vous privez les jeunes de moteur ? À quoi bon se battre si tout est nul ? Que viser si l'on n'a pas de modèles ? Que créer dans un monde pourri ? Or, nous sommes tous faits pour créer, c'est notre façon d'avancer : mettre notre empreinte de fourmi sur le grand canevas de la vie, pouvoir se dire : " J'ai accompli un petit point, je n'aurai pas compté pour du beurre. " Créer un beau pain, le boulanger. Un meuble, le menuisier ou l'ébéniste. Un jeu sur ordinateur, la joie à la maison. Tout peut être occasion de créer pour ceux qui ont l'âme bien disposée.

Et ceux à qui on n'en donne pas les moyens, que font-ils ? Ils " décréent ".
Ils cassent, brûlent, se brûlent.
À la vitesse, au bruit, à la dope.
À défaut de bonheur, ils cherchent
le plaisir. Ah, lui est à la mode !
Il s'étale partout : plaisir-roi, droit au plaisir.
En plus, il se conjugue au pluriel.

C'était il y a quelques semaines, lors

d'une soirée littéraire réunissant une poignée d'écrivains reconnus, fêtés et heureux de leur sort. À propos d'un ouvrage récemment paru, la conversation vint sur le sexe et chacun de raconter son ou ses expériences en ce domaine toujours aussi intéressant.

" Le plaisir suprême, affirma soudain l'une des participantes, c'est de faire l'amour avec un inconnu. On ignore son nom, on sait qu'on ne se reverra plus, alors on ose tout, on va jusqu'au bout de tout, on ne se reconnaît pas, on fait des choses, mon Dieu... Le corps seul parle, c'est vraiment le pied ! "

Et chacun, chacune, de renchérir : oui, la chair et rien que la chair, sauvage, crue, sans serments ou autres balivernes : l'extase !

C'est alors que la voix d'un homme, plutôt jeune et bien de sa personne, pas du tout le genre coincé, s'éleva, enthousiaste.

" À mon avis, le plaisir c'est encore mille fois mieux quand il y a l'amour ! "

Stupeur, incrédulité. Il avait osé... Cette phrase de midinette dans la bouche de ce beau mâle. Que venait donc faire l'amour ici ? Et voilà que le trouble-fête décida d'en rajouter, son œil malicieux sur les perles de cristal du lustre.

" Croyez-moi : pénétrer la femme qu'on

aime, être accueilli par elle, se mêler, se confondre, croiser son regard au moment le plus fort, là, vraiment, c'est le comble du plaisir : le bonheur ! "

Le bonheur. Pas le pied.

Le plaisir sauvage avec l'inconnu nous ramène, me semble-t-il, à nos vieux instincts, lorsque nous ignorions que nous avions une âme capable de s'émouvoir elle aussi ;
le plaisir, seul, nous enfonce dans la terre.
Le plaisir, plus l'amour, nous élève à la dignité d'homme.

L'amour, l'amour, l'amour. L'amour-toujours, l'amour perdu, l'amour-espoir. Il illumine bien des citations qui suivent. C'est lui qui mène la danse. Sans lui, pas vraiment de bonheur.

Écoute ! Tu as un travail qui te plaît, une maison à ton goût, pas de soucis d'argent ni d'enfants trop coriaces. Tu passes tes vacances dans les îles. Bref, tu es un homme ou une femme heureux. Et voilà que celui ou celle que tu aimes te quitte et toute la fête s'écroule. Le bonheur n'était ni la confortable maison, ni les cocotiers, ni l'argent. Il était de goûter tout cela à deux, d'en profiter ensemble. Sans lui, sans elle, plus rien.

Oui, s'il y a des plaisirs solitaires, il n'est de bonheur que partagé. Avec une personne qui n'est plus nécessairement du sexe opposé, un ami, l'animal fidèle, un paysage, une musique. Car le bonheur est sans doute d'échapper de temps en temps à ce sentiment de solitude, ancré dans notre chair, sitôt tranché le cordon ombilical.

Et le bonheur extrême serait ces instants rares où l'on perçoit, comme il m'arriva un matin de convalescence à ma fenêtre, que l'on fait partie du grand orchestre.

" Nous en sommes réduits à le rêver ", disait mon petit comte de Belvèze.

J'ai onze ans et en suis encore aux rédactions. Je vais apprendre ce matin-là que les rêves trop longtemps caressés, gonflés de vent et d'illusion, peuvent – pardon – vous exploser à la gueule.

La guerre vient de se terminer mais mon papa, prisonnier politique en Allemagne, n'est toujours pas revenu et nous sommes sans nouvelles de lui.

Chaque soir, lors de la prière, maman, mes sœurs, mon frère et moi demandons à Dieu son retour. Quel bonheur ce sera, affirme maman. Comme nous serons heureux alors ! Le bonheur n'est plus pour moi un gâteau vitaminé chapardé à l'école ou ce calot de verre gagné à un garçon prétentieux au square, mais le retour de mon père.

C'est le printemps et pourtant on gèle. La neige est tombée cette nuit sur les arbres du Bois de Boulogne près duquel j'habite. Dans mon école non chauffée nous gardons notre harnachement : anorak, passe-montagne, cache-nez, gants et galoches dans lesquelles mes doigts de pied, transformés en petits boudins par les engelures, me mettent au supplice.

Reléguée à mon habitude au fond de la classe, je m'intéresse davantage aux mouvements du ciel qu'aux opérations que la maîtresse trace sur le tableau, lorsque la directrice fait son entrée.

Nous nous levons toutes – les classes ne sont pas encore mixtes – comme un seul homme. La directrice monte sur l'estrade, nous autorise à nous rasseoir. Son regard fait le tour des visages, s'arrête sur le mien.

" Janine Boissard, venez-là ! "

Qu'ai-je encore fait d'abominable ? Que va-t-il m'arriver cette fois ? Déjà, j'ai été renvoyée, pour trop habiter la lune, de l'établissement haut de gamme où étudient mes sœurs. Toc toc, fait mon cœur. Pan pan, mes semelles de bois tandis que j'avance toute tremblante entre les rangs, accompagnée par les ricanements étouffés de mes camarades. Elles ne m'aiment pas. Pourquoi ? C'est un mystère pour moi. Peut-être parce que je porte les habits, usés jusqu'à la corde, de ma sœur aînée : sale héritage. Et puis, moi, je n'ai ni médailles ni colifichets à montrer pour briller. " C'est par son cœur qu'on doit briller ", me fait remarquer maman. Les camarades n'ont pas l'air d'être d'accord.

En attendant, me voici sur l'estrade. La directrice s'empare de mes épaules pour ma tourner face à la classe. Elle annonce :

" Réjouissons-nous. Le papa de Janine Boissard vient de rentrer de captivité. "

Et à moi qui ne respire plus : " Rentre vite, petite. Il t'attend. "

Les applaudissements de la classe sont pour le libéré, je les prends pour moi, une vague me soulève : on m'aime. J'existe.

À en perdre haleine, à ployer de douleur sous un point de côté, je cours vers le bonheur tant attendu. Pas de temps à perdre avec l'ascenseur, je grimpe à pied les quatre étages, traverse la porte de l'appartement comme Alice son miroir et pique dans le salon.

Un homme très maigre, au visage gris, serre contre lui maman et pleure. Il faut dire qu'aujourd'hui c'est leur anniversaire de mariage : il est tombé pile ! Mon frère et mes sœurs sont déjà arrivés, la mine comme-ci comme-ça. Papa m'ouvre ses bras : " Ma Jeannotte. " Ce nom tendre, cette voix, c'est bien lui, c'est bien moi. Pourtant, je n'éprouve rien de ce que j'avais espéré. Le ciel est toujours plombé, j'ai faim, mes engelures me grattent. Papa est là et le monde n'a pas changé.

Le bonheur ne vient jamais comme on l'a imaginé. Il est bien rarement celui que l'on a espéré.

" Un petit bonheur n'est pas du bonheur ", écrit Remco Campert. Pas d'accord ! Et si c'était au contraire la somme des petits bonheurs quotidiens qui faisait le grand ? Si le bonheur était ces instants brefs où l'on se sent en accord avec soi-même et avec quelques autres ? Alors, vous effleure l'aile légère de la grâce. Encore un mot qui vous fait hausser les épaules, les marquis ! Et pourtant...

Tu marches au bras de celui que tu aimes, d'un même pas, et soudain, elle t'enveloppe. Un enfant met ses mains en bandeau sur tes yeux : " Coucou, c'est qui ? " et elle est là. Elle est aussi dans ce moment volé à une journée difficile pour prendre un p'tit café ou une bière fraîche en compagnie de l'amitié. Elle est aussi, la grâce, dans ces trois notes de musique qui passent et te ramènent à l'enfance, un regard complice croisant le tien juste au moment où tu avais besoin de soutien.

" Quand vous vous réveillez, conseillait maman à sa ribambelle d'enfants pas toujours d'humeur gaie, au lieu de gronicher, pensez donc à la petite lumière qui vous attend dans votre journée. "

J'ajouterai : " Et si possible, créez-la. "

On dit de certains qu'ils ne sont pas doués pour le bonheur. Et s'ils n'y tenaient pas ? Il arrive que le malheur vous valorise à vos propres yeux, qu'il soit, lui aussi, une façon d'exister.

Le bonheur est un état d'esprit parfois naturel, parfois construit. Un regard optimiste sur la vie ?

Si la misère vous en prive, le bonheur n'est pas la fortune : quelle angoisse à l'idée de perdre ses sous ! S'il est d'être reconnu, il n'est pas la gloire, si fragile. Et l'idée que l'on puisse vous aimer pour vos succès et non pour la petite personne toute simple qui habite au fond de vous-même est une réelle souffrance.

Le bonheur : un habit à notre mesure, ni paillettes, ni haillons ?

C'est la veille de Noël. À la porte du magasin où je m'apprête à entrer, un petit garçon basané, surveillé de loin par sa mère, tend la main. Dans les huit ans, dirais-je.

Il se trouve qu'à la maison, débarqués pour les vacances, quatre du même âge m'attendent autour du sapin bien garni.

Quittant le magasin, mes emplettes terminées, je donne à l'enfant une pièce pour sa mère et, pour lui, un paquet de chocolats. D'abord, il ne comprend pas.

" C'est pour moi, madame ?

– C'est pour toi, et joyeux Noël ! "

Il bredouille un merci, attrape le paquet et, comme un peu plus loin je me retourne pour lui sourire, il est déjà en train de déguster.

" Bravo pour la bonne action, ont ricané certains autour de moi. Ce touchant gamin te fera les poches demain et, après-demain, il mettra le feu à ta voiture. "

Peut-être. Mais, d'abord, je ne visais pas la bonne action mais à me faire plaisir, et j'ai été superbement payée par la petite lumière dans les yeux de l'enfant ; elle pouvait s'appeler bonheur.

Être heureux alors qu'autour de nous il y a tant de misère, de douleurs variées et de guerres partout, n'est-ce pas faire preuve d'égoïsme ou d'aveuglement ?

" Ne peut rien pour le bonheur d'autrui celui qui ne sait être heureux par lui-même. "

André Gide

Tout le monde ne peut pas être mère Teresa ou de ces personnes admirables qui trouvent leur joie de vivre en soulageant la détresse d'autrui. Mais c'est faire offense aux malheureux que de bouder ou feindre d'ignorer sa chance, son bonheur. C'est repousser l'assiette de caviar : non merci, plus faim !

Selon certains sages, il y aurait au fond de chacun d'entre nous comme un lac paisible où, si nous le voulons, nous pouvons accéder à la sérénité. Le chemin vers le lac demande de l'entraînement et de la constance. Il s'agit d'apprendre à laisser derrière soi les mille et une petites et grandes fureurs du quotidien. Au bout, se trouve la récompense.

Le bien être : soi.

Ne souriez pas car il existe, ce lac ! Une musique émouvante, une rencontre avec l'âme-sœur, la phrase juste d'un livre, le fait frissonner. La sensation éprouvée est parfois si forte qu'on en a la chair de poule.

Et si le bonheur, comme la beauté, tous deux si difficiles à définir, n'étaient que cela, tout cela. Un grand écart entre notre condition d'homme et l'éternel ?

Voilà ! Tout est dit et si peu. Naïve ? Je l'espère bien. Sans naïveté, pas d'artiste, disait Jean Cocteau. Utopique ? Et le revendiquant. Sans le vent fou de l'utopie, sœur de la tendre chimère, l'homme aurait-il conquis le ciel ?

À vous, chers lecteurs et lectrices, de continuer la réflexion en plongeant dans les pages qui suivent. Sachez que j'ai éprouvé un vrai bonheur à faire enfin pour vous la fameuse dissert' sur l'essentiel.

Et espérant que vous partagerez certaines de mes pensées.

Janine Boissard

Nous n'avons d'autre possibilité
que l'impossible.

Georges Bataille

Quand le bonheur en passant
Vous fait signe et s'arrête,
Il faut lui prendre la main
Sans attendre à demain.

Mireille Brocey

Commencer par
l'extraordinaire,
ne jamais l'épuiser, le respirer
jusqu'à ce qu'il se transforme
en lui-même : tout,
devenu extraordinaire.

Elias Canetti

Aime ce que jamais on ne
verra deux fois.

Alfred de Vigny

La vie n'est si lourde
à porter que parce que
nous la subissons
et laissons s'accumuler
d'accablants temps morts.

Robert Guyon

Dire non, c'est faire un pas
sur la route du oui.

Robert Sabatier

Et pourtant je vous dis
que le bonheur existe
Ailleurs que dans le rêve
ailleurs que dans les nues
Terre, Terre, voici ces rades
inconnues.

Louis Aragon

Tout bonheur est un
chef-d'œuvre : la moindre
erreur le fausse, la moindre
hésitation l'altère, la moindre
lourdeur le dépare, la moindre
sottise l'abêtit.

Marguerite Yourcenar

Je tiens qu'un des secrets du bonheur, c'est d'être indifférent à sa propre humeur ; ainsi méprisée, l'humeur retombe dans la vie animale, comme un chien rentre dans sa niche.

Alain

Le hasard sait toujours trouver ceux qui savent s'en servir.

Romain Rolland

Nous n'avons pas plus le droit de consommer du bonheur sans en créer que de consommer de la richesse sans travailler.

George Bernard Shaw

Le bien est plus intéressant que le mal parce qu'il est plus difficile.

Paul Claudel

Mais comprendre le monde, l'aimer et ne rire qu'alors, aimablement, lorsque tout est fini – c'est cela l'humour.

Kurt Tucholsky

Il est plus sévèrement floué celui qui a toujours laissé passer sa chance par peur d'être déçu, que celui qui en a saisi toutes les possibilités, même au risque de ne jamais atteindre la vraie.

Arthur Schnitzler

La nécessité de rechercher
le véritable bonheur est
le fondement de notre liberté.

John Locke

On n'est jamais si heureux
ni si malheureux qu'on
s'imagine.

François de La Rochefoucauld

Le monde est créé
pour être recréé.

Georges Duhamel

La vie, voyez-vous, ça n'est
jamais si bon ni si mauvais
qu'on croit.

Guy de Maupassant

Lorsque tout
va bien
l'optimisme
est un luxe,
lorsque tout
va mal
l'optimisme est
une nécessité.

Bertrand de Jouvenel

Émerge autant que possible
à ta propre surface.

René Char

Celui qui n'ose pas regarder
le soleil en face ne sera
jamais une étoile.

William Blake

Il ne s'agit pas de changer
l'homme, mais de lui donner
le goût de s'accomplir.

Louis Pauwels

Ce prolongement, cette
multiplication possible de soi-
même, qui est le bonheur.

Marcel Proust

Être homme, c'est être responsable... C'est sentir, en posant sa pierre, que l'on contribue à bâtir le monde.

Antoine de Saint-Exupéry

L'homme connaît le monde non point par ce qu'il y dérobe mais par ce qu'il y ajoute.

Paul Claudel

Soyez meilleurs, vous serez plus heureux.

Duc de Lévis

Même dans le malheur il est possible de découvrir du positif.

Henri Bergson

Ne pas dénombrer ses raisons de vivre : le bonheur n'est pas cartésien.

Jean Rostand

Mes plus hautes aspirations sont là-bas, très loin dans les rayons du soleil. Peut-être que je ne les atteindrai pas, mais je peux toujours lever les yeux et voir leur beauté, y croire et essayer de suivre la direction qu'ils m'indiquent.

Louisa May Alcott

A force de penser à la possibilité d'un échec on finit par échouer.

Dale Carnegie

Le bonheur, c'est l'attente,
l'attente heureuse, la
confiance, c'est un horizon
plein d'espérance, c'est le rêve !

Guy de Maupassant

Les enfants positivent
naturellement, les adultes
positivent sagement.

Baden Powell

Le bonheur, c'est la somme de
tous les malheurs qu'on n'a pas.

Marcel Achard

C'est faire confiance à la vie,
que se mesurer avec l'impossible.

Panaït Istrati

Nous devons considérer
que tous les événements
qui nous arrivent sont
des événements heureux.

Sacha Guitry

Les grands cœurs ne sont
jamais totalement heureux,
il leur manque le bonheur
des autres.

Jean de La Bruyère

Le but, c'est d'être heureux.
On n'y arrive que lentement.
Il y faut une application
quotidienne. Quand on l'est,
il reste beaucoup à faire :
à consoler les autres.

Jules Renard

Je m'éveille
le matin avec une
joie secrète ;
je vois la lumière
avec une espèce
de ravissement.
Tout le reste du
jour je suis content.

Charles de Montesquieu

Ce qui nous fait vivre,
c'est l'hypothèse selon laquelle
les problèmes insurmontables
de nuit, sont surmontables
de jour.

Thomas Bernhard

Il s'agit à tout moment de
sacrifier ce que nous sommes
à ce que nous pouvons
devenir.

Charles Dubos

Être supérieur aux autres
n'a jamais représenté un grand
effort si l'on n'y joint pas
le beau désir d'être supérieur
à soi-même.

Claude Debussy

La grandeur des actions humaines se mesure à l'inspiration qui les fait naître.

Louis Pasteur

Il en est du bonheur comme des montres : les moins compliquées sont celles qui se dérangent le moins.

Nicolas de Chamfort

Il peut y avoir de la honte à être heureux tout seul.

Albert Camus

Tant qu'il y a une étincelle, il y a une espérance de brasier.

Alexandre Arnoux

L'urgent est fait, l'impossible est en train de se faire. Pour le miracle, faites-le vous-même.

Julius Reuter

Le bonheur, c'est du chagrin qui se repose.

Léo Ferré

En réalisant ses désirs, autrement dit en se réalisant soi-même, l'homme réalise l'absolu.

Henry de Montherlant

Vivre, ce n'est pas seulement changer, c'est continuer.

Pierre Leroux

Question essentielle que se posent les jeunes et d'autres : celle de l'attitude qu'il faut avoir "dans la vie", alors qu'on n'est pas dedans ; la vraie question c'est "quelle vie faut-il se faire ?"

Boris Vian

L'essentiel n'est pas ce que l'on fait de l'homme, mais ce qu'il fait lui-même à partir de ce qu'on lui a donné.

Jean-Paul Sartre

Il ne faut jamais se résigner qu'au bonheur. Ce n'est pas si facile.

Albert Camus

Étudiez sans cesse
les hommes : apprenez à vous
en servir sans vous livrer à
eux. Allez chercher le vrai
mérite jusqu'au bout du
monde : d'ordinaire, il
demeure modeste et reculé.

François Fénelon

Le bonheur est dans l'âme
bien plus que dans les choses.

Augustin Guillerand

Le bonheur n'est pas quelque
chose que l'on poursuit,
mais quelque chose que l'on a.
Hors de cette possession
il n'est qu'un mot.

Alain

Nous agissons comme si le confort et le luxe étaient les seuls buts de notre vie, alors que tout ce dont nous avons besoin pour être vraiment heureux est quelque chose qui éveille notre enthousiasme.

Charles Kingsley

Chaque vie est unique.
Chaque vie, un univers.
Mais, chaque vie n'est rien
si elle ne reflète la vie
universelle, si elle n'est à la
fois elle-même et autre,
elle n'est rien si elle est
séparée, elle n'est rien non
plus si elle est grégaire,
elle n'est rien si elle est
perdue dans le néant
de l'impersonnel. Vivre sa vie :
c'est vivre le monde à sa
façon, d'une autre façon,
d'une façon inattendue,
comme les autres et pas
comme les autres.

Eugène Ionesco

Être capable de trouver sa joie
dans la joie de l'autre :
voilà le secret du bonheur.

Georges Bernanos

Le bonheur n'est que
chaleur des actes et
contentement de la création.

Antoine de Saint-Exupéry

Si la vie est un passage,
sur ce passage
au moins semons des fleurs.

François Paradis de Moncrif

Même si le bonheur t'oublie un
peu, ne l'oublie jamais tout à fait.

Jacques Prévert

Ce n'est pas l'impossible qui désespère le plus, mais le possible non atteint.

Robert Mallet

Je rêvais de m'installer marchand de bonheur en plein Paris.

Alphonse Daudet

Notre instinct nous fait sentir qu'il faut chercher notre bonheur hors de nous.

Blaise Pascal

Rien n'est fait tant qu'il reste quelque chose à faire.

Romain Rolland

Une vie d'homme, cela s'ajuste comme un costume, cela se façonne comme un outil, cela se cultive comme un muscle, cela s'engrène comme une mécanique rétive et compliquée.

Robert Escarpit

Il n'y a pas de paradis, mais il faut tâcher de mériter qu'il y en ait un.

Jules Renard

Si tu veux comprendre le mot de bonheur, il faut l'entendre comme récompense et non comme but.

Antoine de Saint-Exupéry

Et ne regrettez rien si, libre enfin, vous tracez un beau sillage.

Natalie Clifford Barney

Tu ne peux donner de réponses à toutes les questions. Mais tu peux faire des questions avec toutes les réponses.

Thierry Maulnier

Vivons dans l'extase de l'illimité, aimons tout ce qui ne connaît pas de bornes, détruisons les formes et créons le seul culte qui en soit exempt : celui de l'infini.

Emil Michel Cioran

Le bonheur sera dans ses yeux comme la couleur bleue dans la transparence du ciel, je la veux heureuse afin de rendre aimable le bonheur.

Joë Bousquet

N'essayez pas de dire des choses définitives. D'abord vous ne sauriez pas, et puis, ensuite, il n'y a rien de définitif.

Raoul Ponchon

Un homme vraiment heureux ne parle guère et ne rit guère ; il resserre pour ainsi dire le bonheur autour de son cœur.

Jean-Jacques Rousseau

La joie que nous inspirons a cela de charmant que loin de s'affaiblir comme tout reflet, elle nous revient plus rayonnante.

Victor Hugo

Revois deux fois pour voir juste ; ne vois qu'une pour voir beau.

Henri-Frédéric Amiel

Ainsi commence le bonheur, un silence où les mots s'accordent...

Armen Tarpinian

Mettre le bonheur là où il faut, c'est la source de tout bien.

Jacques Bénigne Bossuet

Créer, c'est vivre deux fois. Créer, aussi, c'est donner une forme à son destin.

Albert Camus

Le bonheur : comme une
raison que la vie se donne
à elle-même.

Simone de Beauvoir

Deviens sans cesse celui que
tu es, sois le maître et le
sculpteur de toi-même.

Friedrich Nietzsche

L'avenir est à ceux
qui ne sont pas désabusés.

Georges Sorel

Imaginer que puisse exister
l'inconcevable, c'est gravir
quelques échelons.

Robert Sabatier

Pour progresser, il ne suffit
pas de vouloir agir,
il faut d'abord savoir
dans quel sens agir.

Gustave Le Bon

Plus on veut, mieux on veut.

Charles Baudelaire

La clef de toutes les sciences
est sans contredit le point
d'interrogation. Nous devons
la plupart des grandes
découvertes au : Comment ?
et la sagesse dans la vie
consiste peut-être à se
demander à tout propos :
Pourquoi ?

Honoré de Balzac

Le difficile n'est pas de monter, mais en montant de rester soi.

Jules Michelet

La joie venait toujours après la peine.

Guillaume Apollinaire

Le bonheur est le parfum de l'âme, l'harmonie du cœur qui chante.

Romain Rolland

L'homme est fait pour le bonheur comme l'oiseau pour le vol.

Maxime Gorki

Pour moi,
tout consiste à
faire la chasse
au bonheur.
Ce serait affreux
de mourir avant
d'être mort.

Jean Giono

Tout ce qui est triste me
paraît suspect.

Julien Green

La misère suprême, c'est de ne pas se contenter jusqu'à l'ivresse de ce qu'on a, de ce qu'on est.

Marcel Jouhandeau

Le vrai bonheur coûte peu ; s'il est cher, il n'est pas d'une bonne espèce.

François-René de Chateaubriand

Existister, c'est ça :
se boire sans soif.

Jean-Paul Sartre

La vie peut être considérée
comme un art.

Havelock Ellis

Il est dans la nature du génie
humain de chercher.
La quête, la poursuite du
possible, aller toujours plus
loin. Et quand il semble que
l'on est allé trop loin,
cela veut dire seulement
qu'on n'est pas allé assez loin.
L'aventure doit menée
jusqu'au bout.

Romain Gary

Le bonheur le plus doux est
celui qu'on partage.

Jacques Deville

Le bonheur trouve en lui-même suffisamment de raisons d'être. Les belles choses sont justes et vraies, et les belles actions sont celles qui plaisent aux dieux. Les gens sages ont un sens inné de ce qui est beau et la plus grande sagesse consiste à faire confiance à son intuition, à se laisser guider par elle. La réponse à l'appel profond de ce qui est juste se trouve dans le cœur de chacun.

Aristote

Ne pas savoir que c'est impossible est une des meilleures façons d'agir.

André Gide

On ne peut ni raisonner ni prévoir au sujet du bonheur ; il faut l'avoir maintenant. Quand il paraît être dans l'avenir, songez-y bien, c'est que vous l'avez déjà. Espérer, c'est être heureux.

Alain

Il faut vivre et non pas seulement exister.

Plutarque

Mais on ne dit pas assez que ce que nous pouvons faire de mieux pour ceux qui nous aiment, c'est encore d'être heureux.

Alain

La terre est remplie de ciel.

Elisabeth Browning

L'homme heureux est celui qui a conquis son bonheur ou le moment de bonheur qu'il ressent actuellement.

Eugène Delacroix

Notre vie vaut ce qu'elle nous a coûté d'efforts.

François Mauriac

Souvenez-vous que,
dans la vie,
Sans un peu de travail
on n'a point de plaisir.

Florian

L'espérance ne serait-elle pas la preuve d'un sens occulte de l'Existence, une chose qui mérite qu'on lutte pour elle ?

Ernesto Sabato

Il est poli d'être gai.

Louis Pauwels

Et puis, il y avait son sourire qui lui tenait lieu de laisser-passer et son rire qui le protégeait contre tout.

Joseph Kessel

Nous sommes invités à monter plus haut que le bonheur.

Léon Bloy

Il faut être toujours ivre. Tout est là : c'est l'unique question. Pour ne pas sentir l'horrible fardeau du Temps qui brise vos épaules et vous penche vers la terre, il faut vous enivrer sans trêve. Mais de quoi ? De vin, de poésie ou de vertu, à votre guise. Mais enivrez-vous.

Charles Baudelaire

L'homme n'est rien d'autre que la série de ses actes.

Friedrich Hegel

Il ne faut
pas avoir peur
du bonheur.
C'est seulement
un bon moment
à passer.

Romain Gary

Vivre est un acte magique.

Blaise Cendras

Croyez que la vie vaut la peine d'être vécue et votre conviction contribuera à créer cette réalité.

Williams James

Le bonheur ne consiste pas à parcourir cent kilomètres en une heure, à s'élever dans l'atmosphère sur une machine ou à converser par dessus les océans, mais bien à être riche d'une belle pensée, content de son travail, honoré d'affections sincères.

Georges Duhamel

Vivre, c'est rayonner.

Georges Canguilhem

On ne reçoit pas la sagesse,
il faut la découvrir soi-même,
après un trajet que personne
ne peut faire pour nous,
ne peut nous épargner.

Marcel Proust

La joie de vivre n'est pas un
but, mais un devoir.

Louis Pauwels

Car il n'y a pas d'autre
bonheur pour l'homme que de
donner son plein.

Paul Claudel

Si ce que tu manges ne te grise pas, c'est que tu n'avais pas assez faim.

André Gide

Tiens vis-à-vis des autres ce que tu t'es promis à toi seul.

René Char

Retournez, retournez à l'Infini, lui seul est assez grand pour l'homme.

Henri Lacordaire

On est jeune tant que l'on sait dire : " Non ! " Premier oui, première ride.

Henri Jeanson

Un esprit immobile est celui
qui ne rêve que de nuit.

Robert Sabatier

Soyez heureux d'abord,
comme dit le Sage ;
car le bonheur n'est pas le
fruit de la paix ; le bonheur,
c'est la paix même.

Alain

Tu n'es rien d'autre que ta vie.

Jean-Paul Sartre

Et c'est déjà commencer
de changer la vie que de
le désirer ardemment.

Jean-Louis Bédouin

Tout le bonheur des hommes est dans de petites vallées. Bien petites ; il faut que d'un bord à l'autre on puisse s'appeler.

Jean Giono

Il faut avoir des rêves suffisamment grands pour ne pas les perdre de vue pendant qu'on les poursuit.

William Faulkner

Il faut toujours connaître les limites du possible. Pas pour s'arrêter, mais pour tenter l'impossible dans les meilleures conditions.

Romain Gary

Il faudrait
essayer d'être
heureux,
ne serait-ce que
pour donner
l'exemple.

Jacques Prévert

Ce qui m'importe, c'est l'éternelle vivacité et non pas la vie éternelle.

Friedrich Nietzsche

Encore un jour à mettre au monde.

Paul Éluard

Construisons des aventures. Tout est possible. Nos facultés sont infinies...

Denise Miège

La vie n'a qu'un sens : y être heureux, sinon elle perd son sens.

Henry de Montherlant

Il n'est pas de vent favorable
à celui qui ne sait où il va.

Sénèque

Le bonheur ne m'ennuie
jamais.

Henry de Montherlant

Il y a toujours
dans le bonheur, même
des meilleures gens,
un peu d'insolence qui défie
les autres d'en faire autant.

Victor Hugo

Ce que d'autres ont réussi,
on peut toujours le réussir.

Antoine de Saint-Exupéry

On n'existe pas sans faire.

Simone de Beauvoir

Je crois qu'il faut presque toujours un coup de folie pour bâtir un destin.

Marguerite Yourcenar

Le chemin le plus court d'un point à un autre est celui où l'on s'ennuie le moins.

Robert Sabatier

Faites quelque chose et, si ça ne réussit pas, essayez autre chose.

Franklin Delano Roosevelt

Seul le risque justifie
la pensée.

Albert Camus

Plus vous entassez de bonheur quelque part et plus vous faites paraître le malheur petit en comparaison.

Elizabeth Goudge

C'est plein de disputes, un bonheur.

Jean Anouilh

Si jamais le bonheur m'avait enlevé dans ses bras, il m'eût étouffé.

François-René de Chateaubriand

Ce que nous appelons
" bonheur " consiste dans
l'harmonie et la sérénité,
dans la conscience d'un but,
dans une orientation positive,
convaincue et décidée
de l'esprit, bref dans la paix
de l'âme.

Thomas Mann

L'homme heureux est celui
qui se retrouve avec plaisir
au réveil, se reconnaît celui
qu'il aime être.

Paul Valéry

Qui cherche, même
s'il ne trouve pas, se trouve.

Robert Sabatier

Le secret du
bonheur crève
les yeux.
C'est pourquoi
personne n'ose
le regarder en face :
il faut aimer
quelqu'un.

Jacques de Bourbon Busset

La joie panique, il est impossible de la garder pour soi-même ; elle nous est donnée par toute l'épaisseur de la vie, celui qui l'a, s'il ne la partage, ne fait que la toucher et la perdre.

Jean Giono

Tout bonheur est une innocence.

Marguerite Yourcenar

En somme, rien n'est inadmissible, sauf peut-être la vie, à moins qu'on ne l'admette pour la réinventer tous les jours.

Blaise Cendrars

Ne reculer devant rien ;
accueillir l'inconnu avec joie...

Elizabeth Goudge

L'homme le plus heureux est celui qui fait le bonheur d'un plus grand nombre d'autres.

Denis Diderot

La place de l'homme dans la vie est marquée non par ce qu'il sait, mais par ce qu'il veut et ce qu'il peut.

Gustave Le Bon

Ce qui m'est difficile, m'est toujours nouveau.

Paul Valéry

Rêve de grandes choses,
cela te permettra d'en faire
au moins de toutes petites.

Jules Renard

Il n'y a pas d'âge pour
la sagesse, qui est un acte
orientant tout l'homme vers
sa vérité, une conversion et
un arrachement.

Paul Nizan

Nos actes ne sont
éphémères qu'en apparence.
Leurs répercussions se
prolongent parfois pendant
des siècles. La vie du présent
tisse celle de l'avenir.

Gustave Le Bon

À l'impossible je suis tenu.

Jean Cocteau

En avant ! Même si c'est
l'échec qui t'attend !
Si tu tombes, tombe debout !

Stoyan Mikhiilovski

Et quand il vient, ce
bonheur souhaité,
tardivement, cahin-caha,
il arrive défloré par tout
ce qu'il traîne à sa suite
de mesquin, de troublant,
d'agaçant, par toute cette
poussière de réalité que
notre imagination n'avait
pas prévue.

Thomas Mann

Penser, c'est réapprendre
à voir, diriger sa conscience,
faire de chaque image
un lieu privilégié.

Albert Camus

La joie est le passage de
l'homme d'une moindre à une
plus grande perfection.

Baruch Spinoza

On n'est pas vieux tant que
l'on cherche.

Jean Rostand

Seuls les actes décident de
ce qu'on a voulu.

Jean-Paul Sartre

Il ne faut pas
de tout pour faire
un monde.
Il faut du bonheur
et rien d'autre.

Paul Éluard

L'homme n'est heureux que de vouloir et d'inventer.

Alain

La vie n'est pas ce que tu crois. C'est une eau que les jeunes gens laissent couler sans le savoir, entre leurs doigts ouverts. Ferme tes mains, ferme tes mains, vite. Retiens-la. Tu verras, cela deviendra une petite chose dure et simple qu'on grignote, assis au soleil.

Jean Anouilh

Le plus lourd fardeau, c'est d'exister sans vivre.

Victor Hugo

Le bonheur, c'est peut-être ça : l'imagination. Quand on en manque, il ne reste que les platitudes de la vie.

Henri Duvernois

Faites que la beauté reste, que la jeunesse demeure, que le cœur ne puisse lasser, et vous reproduirez le ciel.

François-René de Chateaubriand

Vivre, permanente surprise !
L'amour de soi,
quoi que l'on dise !
L'effort d'être,
toujours plus haut,
le premier parmi les égaux.

Anna de Noailles

Il faut entrer en soi-même armé jusqu'aux dents.

Paul Valéry

Soyez heureux, c'est là le vrai bonheur.

Jean-Louis Commerson

Les gens qui veulent suivre des règles m'amusent, car il n'y a dans la vie que de l'exceptionnel.

Jules Renard

La vraie générosité envers l'avenir consiste à tout donner au présent.

Albert Camus

La vie est un travail
qu'il faut faire debout.

Alain

Il est des moments, des heures faites de vies entières d'un bonheur auquel on ne devrait pas pouvoir survivre.

Romain Gary

C'est la nuit qu'il est beau
de croire à la lumière.

Edmond Rostand

De frotter l'idée à son contraire naît toujours quelque étincelle.

Robert Sabatier

Demain ne sera pas comme hier. Il sera nouveau et il dépendra de nous. Il est moins à découvrir qu'à inventer.

Gaston Berger

Mon état d'âme fait
la synthèse de ces deux
sentiments et les dépasse :
je suis pessimiste par
l'intelligence, mais optimiste
par la volonté.

Antonio Gramsci

Ne pas railler,
Ne pas déplorer,
Ne pas maudire,
Mais comprendre.

Baruch Spinoza

Un sourire
coûte moins cher
que l'électricité,
mais donne autant
de lumière.

L'abbé Pierre

On n'en finit pas
d'être un homme.

Henri Michaux

Le bonheur, c'est de passer
à côté du pire.

Louis-Ferdinand Céline

Ce sont les petits bonheurs fragiles du quotidien qui ont le plus besoin d'être accueillis. Si nous savons les recevoir, ils sauront nous préserver du désamour. Si nous savons les engranger, ils nous permettront de construire le présent pour mieux vieillir ensemble.

Jacques Salomé

Comme j'aimerais expliquer le sentiment de bonheur qui m'habite de temps à autre, maintenant par exemple. C'est véritablement quelque chose de mousseux qui me remplit entièrement de tressaillements légers et agréables, et me persuade que je suis doué de capacités dont je peux à tout instant, et même maintenant, me convaincre en toute certitude qu'elles n'existent pas.

Franz Kafka

Les chances qui se perdent sont les plus grandes des malchances.

Pedro Caldéròn de La Barca

Notre bonheur aura la forme
des nuages
Qui se lèvent des flots
Et qui font le tour de mon
rêve le plus vaste
En chacun de tes mots.

Charles Le Quintrec

C'est en tant que créateur, si humble que soit le niveau où cette création se consomme, qu'un homme quel qu'il soit peut se reconnaître libre.

Gabriel Marcel

Impose ta chance, serre ton bonheur et va vers ton risque. À le regarder, ils s'habitueront.

René Char

Mao Tsé-toung répétait qu'une longue marche commence par un petit pas. Elle se continue souvent de même. L'important n'est pas l'ampleur du pas, mais le pas.

Jules Roy

Il n'y a pas de vrai bonheur dans l'égoïsme.

George Sand

Ce n'est pas assez de faire des pas qui doivent un jour conduire au but, chaque pas doit être lui-même un but en même temps qu'il nous porte en avant.

Johann Wolfgang von Goethe

Pour être heureux, il faut penser au bonheur d'un autre.

Gaston Bachelard

Il n'y a qu'un devoir, c'est d'être heureux.

Denis Diderot

Le bonheur, c'est quand le temps s'arrête.

Gilbert Cesbron

Il n'y a d'homme complet que celui qui a beaucoup voyagé, qui a changé vingt fois la forme de sa pensée et de sa vie.

Alphonse de Lamartine

L'optimiste
pense qu'une nuit
est entourée de
deux jours,
le pessimiste qu'un
jour est entouré
de deux nuits.

Francis Picabia

Interroger, c'est enseigner.

Xénophon

Le bonheur n'est pas un but qu'on poursuit âprement, c'est une fleur que l'on cueille sur la route du devoir.

John Stuart Mill

Le bonheur est un parfum que l'on ne peut répandre sur autrui sans en faire rejaillir quelques gouttes sur soi-même.

Ralph Waldo Emerson

Les jours sont des fruits et notre rôle est de les manger.

Jean Giono

Je vais pensant
au grand bonheur
Qui nous saisirait si
nous voulions.

Paul Éluard

N'est pas heureux
qui ne veut l'être.

Joseph Joubert

La vie aime ceux qui l'aiment.

Pierre Seghers

Vous avez à apprendre à rire.
Pour atteindre l'humour
supérieur, cessez d'abord de
vous prendre trop au sérieux.

Hermann Hesse

Les hommes unis à la fois par l'espoir et par l'action accèdent, comme les hommes unis par l'amour, à des domaines auxquels ils n'accéderaient pas seuls.

André Malraux

Fais que chaque heure de ta vie soit belle. Le moindre geste est un souvenir futur.

Claude Aveline

Tu cherches à cueillir le bonheur. Cherche plutôt à te rendre digne d'être cueilli par lui. Quand tu seras pur, le bonheur te suivra partout.

Gustave Thibon

On n'est rien que
par le bonheur.

François-René de Chateaubriand

Venez ! Et quand nous aurons
gémi sur nos malheurs,
peut-être aurons-nous
le bon sens d'être heureux.

Georges Clemenceau

L'homme n'a rien de mieux
à faire qu'essayer d'être en
parfait accord avec lui-même.

Sigmund Freud

Nous aurons le destin que
nous aurons mérité.

Albert Einstein

Un bonheur nous vient-il, cherchons-en un nouveau.

Léon Dierx

Le bonheur n'est pas comme cet objet en vitrine, que vous pouvez choisir, payer, emporter ... Le bonheur n'est bonheur que quand vous le tenez ; si vous le cherchez dans le monde, hors de vous-même, jamais rien n'aura l'aspect du bonheur.

Alain

La grande affaire et la seule qu'on doive avoir, c'est de vivre heureux.

Voltaire

Le bonheur,
ce n'est pas
une note séparée,
c'est la joie
que deux notes
ont à rebondir
l'une contre l'autre.

Christian Bobin

Mon bonheur est d'augmenter
celui des autres.
J'ai besoin du bonheur
de tous pour être heureux.

André Gide

Le bonheur, parfois, c'est une
urgence.

Hervé Bazin

Le pire des risques est de
perdre le goût du risque.

Robert Sabatier

Le bonheur n'est pas un luxe ;
il est en nous comme
nous-mêmes.

Paul Claudel

Le bonheur ne se cherche pas : on le rencontre. Il n'est que de savoir le reconnaître et de pouvoir l'accueillir.

Bernard Grasset

Ils voudraient tous que leur vie fût prolongée... Qu'ils cherchent donc d'abord à la multiplier !

Gilbert Cesbron

Le bonheur, je ne pourrai l'avoir que si je réussis à soulever le monde pour le faire entrer dans le vrai, dans le pur, dans l'immuable.

Franz Kafka

Rien ne va de soi. Rien n'est donné. Tout est construit.

Gaston Bachelard

Notre plus grande gloire n'est pas de ne pas tomber, mais de nous relever chaque fois.

Confucius

On ne peut rester en vie coûte que coûte. Ce qui compte, c'est comment l'on reste en vie.

Christian de Chergé

Il n'y a guère que le sublime qui puisse nous aider dans l'ordinaire de la vie.

Alain

Le bonheur n'est pas situé
dans les lointains,
il n'est pas plus loin que
la lune changeante.

Wilhelm Raabe

La vie ne nous donne pas
ce qu'attendent d'elle
les enfants capricieux, mais
seulement ce que lui arrachent
de force les courageux et
les audacieux.

Mikhaïl Saltykov-Chtchedrine

On doit penser sa vie, afin de
la vivre toute vraiment, et
vivre sa pensée, afin de
parvenir à penser toute sa vie.

Édouard Le Roy

Félicitez-vous d'avoir fait quelque chose d'étrange et d'extravagant qui a brisé la monotonie de votre époque.

Ralph Waldo Emerson

Le secret du bonheur, c'est savoir se contenter de ce qu'on a.

Albert Willemetz

Vivre, c'est disputer sa vie.

Jean Giono

Il n'y a que deux choses qui servent au bonheur : c'est de croire et d'aimer.

Charles Nodier

L'homme devrait
mettre autant
d'ardeur à simplifier
sa vie qu'il en met
à la compliquer.

Henri Bergson

L'usage le plus digne
qu'on puisse faire de son
bonheur, c'est de s'en servir
à l'avantage des autres.

Marivaux

Apprendre, c'est se retrouver.

Malcolm de Chazal

Le vrai bonheur est de mettre
son bonheur dans le bonheur
d'un autre.

Jacques de Bourbon Busset

Se surpasser est la seule loi ...
L'âme ne se surpasse qu'en
connaissance.

André Suarès

Que fais-tu, tout le jour ?
- Je m'invente.

Paul Valéry

Quand vous vous sentez coincé et que tout se ligue contre vous, à tel point que vous avez l'impression que vous ne pourrez pas tenir une minute de plus, surtout n'abandonnez pas, car c'est à ce moment précis que le courant va s'inverser.

Harriet Beecher Stowe

Le bonheur est toujours un crime passionnel : il supprime tous les précédents.

Romain Gary

Car ce n'est pas ce qui vient à nous, mais bien ce qui vient de nous qui est la vie véritable. Être, c'est créer et non recevoir sa vie ... Ce que nous appelons réalité n'est point une chose qui s'offre à nous, mais un fruit de l'initiation, et l'initiation commence avec l'amour.

O. V. de L. Milosz

Le bonheur est comme un papillon qui, lorsqu'il est pourchassé, reste toujours hors de portée, mais qui, si vous restez assis calmement, viendra peut-être se poser sur vous.

Nathaniel Hawthorne

Agis comme si la maxime de
ton action devait être érigée
par ta volonté en loi
universelle de la nature.

Emmanuel Kant

Exister et rien autre chose,
cela suffit !
Respirer suffit !
Joie, joie ! Joie partout !

Walt Whitman

Ne dis pas : " C'est fini. On ne peut plus avancer. "
Dis plutôt : " Je ne vois qu'un moyen de savoir jusqu'où l'on peut aller : c'est de se mettre en route et de marcher. "

Henri Bergson

Le monde ne te fera pas de cadeau, crois-moi. Si tu veux avoir une vie, vole-la.

Lou Andreas Salomé

La joie est en tout.
Il faut savoir l'extraire.

Confucius

Le bonheur ne nous pèse guère, à condition, comme un haleur, de le tirer pas à pas.

Jean Giraudoux

" Ne cherchez pas l'impossible ! "
nous dit-on.
– Si, justement.

Robert Sabatier

Il faut
toujours se dire :
" Ce n'est point
parce que j'ai réussi
que je suis content ;
mais c'est parce que
j'étais content que
j'ai réussi. "

Alain

Heureux d'être. D'être quoi ?
D'être, simplement.

Julien Green

Se réveiller, c'est se mettre à la recherche du monde.

Alain

Et ce goût du bonheur
qui soudain m'émerveille
chante si fort la vie
que soudain je m'éveille.

Jacques Salomé

Une difficulté est une lumière.
Une difficulté insurmontable
est un soleil.

Paul Valéry

Tout, à condition de vivre, vivre et vivre encore ! Vivre de n'importe quelle façon, mais vivre !...

Fedor Dostoïevski

Rejetez le noir, et ce mélange de blanc et de noir qu'on nomme le gris. Rien n'est noir, rien n'est gris. Ce qui semble gris est un composé de nuances claires...

Paul Gauguin

Une source inépuisable d'énergie réside au fond de chacun. L'imaginer, c'est déjà y puiser.

Louis Pauwels

Car tu sais maintenant que le sel de la vie
N'est pas dans le renom, la puissance ou l'amour
Mais dans ce pur bonheur, respecté de l'envie,
De marcher droit et fier jusqu'au déclin du jour
Sans même demander où mène cette vie.

O. V. de L. Milosz

Essayer de rendre heureux un être est la seule chose positive qui soit à notre portée.

Jacques de Bourbon Busset

Le seul chef-d'œuvre, c'est vivre.

Gilbert Cesbron

Rien de grand n'a jamais été accompli sans enthousiasme.

Ralph Waldo Emerson

Quel est le chemin
du bonheur ?
Un fou répondit :
toi-même.

Francis Picabia

Imaginer, c'est hausser le réel d'un ton.

Gaston Bachelard

Connaître, c'est interroger l'inconnaissable pour s'en étonner.

Michel Random

Aimer tout, vivifier tout
est le but de la vie.

Novalis

Ne tournez pas la tête :
un miracle est derrière.

Jules Supervielle

Ni l'amitié ni les petits plaisirs
ne remplacent ce sentiment
qu'on a d'élever enfin son
front par-dessus le mur.

Charles-Ferdinand Ramuz

Vivre pour soi seul est une
maladie. L'égoïsme est la
rouille du moi.

Victor Hugo

Le bonheur c'est savoir ce que l'on veut et le vouloir passionnément

Félicien Marceau

L'homme a besoin non pas tant de son propre bonheur que de savoir et de croire à chaque instant qu'il existe déjà quelque part un bonheur absolu.

Fedor Dostoïevski

Pour toi amour
je me sens
inventeur de bonheur.

Jacques Salomé

On est jeune tant qu'on souhaite que chaque jour diffère de la veille, vieux, quand on espère que chaque année ressemblera à la précédente.

Gilbert Cesbron

Délibérer est le fait
de plusieurs. Agir est le fait
d'un seul.

Charles de Gaulle

La joie n'est pas dans les
choses ; elle est en nous.

Richard Wagner

Pour frayer un sentier
nouveau, il faut être capable
de s'égarer.

Jean Rostand

Il faut agir en homme
de pensée et penser
en homme d'action.

Henri Bergson

Brisez vos limites,
faites sauter les barrières
de vos contraintes, mobilisez
votre volonté, exigez la liberté
comme un droit, soyez
ce que vous voulez être.
Découvrez ce que vous
aimeriez faire et faites votre
possible pour y parvenir.

Richard Bach

Quand une porte vers
le bonheur se ferme,
une autre s'ouvre,
mais souvent nous regardons
si longtemps la porte fermée
que nous ne voyons pas
celle qui s'est ouverte
tout exprès pour nous.

Helen Keller

Il est aussi noble de tendre à l'équilibre qu'à la perfection ; car c'est une perfection que de garder l'équilibre.

Jean Grenier

Ce n'est pas ce qu'on a eu qui compte, c'est ce qu'on n'a pas.

Paul Léautaud

Dans le bonheur d'autrui, je cherche mon bonheur.

Pierre Corneille

Bonheur : faire ce que l'on veut et vouloir ce que l'on fait.

Françoise Giroud

Je connais le plus beau
des livres,
Je sais le plus beau
des chemins,
Pour nous deux,
c'est la joie de vivre

Syam et Viaud

Je posséderais tout ce qu'on peut désirer au monde qu'il me manquerait encore tout : le bonheur d'autrui.

André Marie Ampère

L'homme qui n'a rien à désirer est à coup sûr plus malheureux que celui qui souffre

Holbach

Il y a des yeux
qui reçoivent
la lumière et
il y a des yeux
qui la donnent.

Paul Claudel

Il n'y a de bonheur possible pour personne sans le soutien du courage.

Alain

Pour exécuter de grandes choses, il faut vivre comme si on ne devait jamais mourir.

Vauvenargues

Avant de donner un conseil, il faut l'avoir fait accepter, ou mieux, fait désirer.

Henri-Frédéric Amiel

J'ai voulu être capable de me faire aimer de ma vie.

Joë Bousquet

Face à l'événement,
c'est à soi-même que recourt
l'homme de caractère.

Charles de Gaulle

La lutte elle-même vers les
sommets suffit à remplir un
cœur d'homme.

Albert Camus

On peut défaire n'importe
quel bonheur par la mauvaise
volonté.

Alain

L'homme n'est rien d'autre
que ce qu'il fait.

Jean-Paul Sartre

Notre tête est ronde
pour permettre à la pensée
de changer de direction.

Francis Picabia

Nous saurons qui nous
sommes quand nous verrons
ce que nous avons fait.

Pierre Drieu La Rochelle

L'homme qui réclame
la liberté, c'est au bonheur
qu'il pense.

Claude Aveline

Je suis la porte ouverte
à l'arc-en-ciel des possibles.

Jacques Salomé

Réfléchir, c'est déranger ses pensées.

Jean Rostand

J'ai tellement aimé la vie ! Le plaisir, le bonheur. Je ne peux même pas m'en repentir. Mais pour délicieux qu'il soit, le plaisir ne suffit pas. Le bonheur lui-même ne suffit pas, il n'est pas la valeur suprême. Il y a quelque chose au-dessus du bonheur.

Jean d'Ormesson

J'ai décidé d'être heureux parce que c'est bon pour la santé.

Voltaire

Connaître, c'est élever les choses jusqu'au mystère.

Louis Pauwels

Lorsque la famille était réunie à table, et que la soupière fumait, maman disait parfois : " Cessez un instant de boire et de parler. " Nous obéissions. Nous nous regardions sans comprendre, amusés. " C'est pour vous faire penser au bonheur ", ajoutait-elle. Nous n'avions plus envie de rire.

Félix Leclerc

Désirer tout et le désir lui-même.

Manoel de Abreu

Vous me demandez
quel est le suprême
bonheur, ici-bas ?
C'est d'écouter
la chanson d'une
petite fille qui
s'éloigne après vous
avoir demandé son
chemin.

Li T'ai-Po

Le bonheur est la plus grande des conquêtes, celle qu'on fait contre le destin qui nous est imposé.

Albert Camus

Le merveilleux est toujours beau, n'importe quel merveilleux est beau, il n'y a même que le merveilleux qui soit beau.

André Breton

Chaque moment, chaque seconde est d'une valeur infinie, car elle est le représentant d'une éternité tout entière.

Johann Wolfgang von Goethe

La vie n'est jamais aussi compliquée que se plaisent à l'imaginer les têtes faibles.

Marcel Aymé

Ouvrez les yeux ! Le monde est encore intact ; il est vierge comme au premier jour, frais comme le lait !

Paul Claudel

Avant de rêver, il faut savoir.

Jean Rostand

Si vous fermez la porte à toutes les erreurs, la vérité restera dehors.

Rabindranath Tagore

Il n'y a qu'une action utile,
celle qui referait les hommes
et la terre.

Albert Camus

Heureux les normaux,
ces êtres étranges...
Mais qu'ils laissent la place
à ceux qui font les mondes
et les rêves,
Les illusions, les symphonies,
les mots qui nous détruisent
Et nous construisent...

Roberto Fernandez Retamar

Conquérir sa joie
vaut mieux que de
s'abandonner à sa tristesse.

André Gide

Il faut prendre très tôt de bonnes habitudes, surtout celle de savoir changer et facilement d'habitudes.

Pierre Reverdy

Le plus grand service qu'on puisse rendre à un être : lui apprendre de très bonne heure à savoir user de la vie.

Henry de Montherlant

Nous recherchons tous le bonheur, mais sans savoir où, comme des ivrognes qui cherchent leur maison, sachant confusément qu'ils en ont une.

Voltaire

Le bonheur de chacun
est simplement fait
du bonheur de tous.

Émile Zola

N'est-ce pas la plus grande
chose à demander à la vie,
savoir ce que c'est : vivre.

Albert Schweitzer

J'appelle expérience
un voyage au bout
du possible de l'homme.

Georges Bataille

La moindre chose contient un
peu d'inconnu. Trouvons-le.

Guy de Maupassant

L'homme
énergique et
qui réussit,
c'est celui
qui parvient
à transmuer
en réalités
les fantaisies
du désir.

Sigmund Freud

Le grand art d'être heureux n'est que l'art de bien vivre.

Jean-François Ducis

On dit que le bonheur nous fuit toujours. Cela est vrai du bonheur reçu, parce qu'il n'y a point de bonheur reçu. Mais le bonheur que l'on se fait ne trompe point. C'est apprendre, et l'on apprend toujours.

Alain

Attendre d'en savoir assez pour agir en toute lumière, c'est se condamner à l'inaction.

Jean Rostand

Puisque les lendemains qui chantent sont toujours remis au lendemain, inventons un aujourd'hui qui chante.

Robert Sabatier

Quand on croit que tout est fini, il y a toujours un rouge-gorge qui se met à chanter.

Paul Claudel

Croyez-moi ! Le secret pour récolter la plus grande fécondité, la plus grande jouissance de l'existence, consiste à vivre dangereusement ! !

Friedrich Nietzsche

Choisir, c'est sans cesse rejeter celui que tu es, pour celui que tu pourrais être. C'est l'esprit d'aventure.

Paul La Cour

Sauver ce qui peut encore être sauvé pour rendre l'avenir seulement possible, voilà le grand mobile, la passion et le sacrifice demandés.

Albert Camus

Ayez de la bonne humeur. L'idée, c'est la semence : le travail la fait lever ; mais la bonne humeur, c'est le soleil qui la fait mûrir.

Auguste Detœuf

Le désespoir, laissez-le s'asseoir sur un banc et respirez, faites rentrer en vous la vie par les narines, c'est tout le positif de la vie qui rentre. Expirer, c'est le négatif, le pourri, le pollué qui s'en va.

Julos Beaucarne

Je ne sépare pas l'idée du bonheur de l'idée de perfection.

Madame de Lambert

Savoir n'est pas tout. C'est chercher qui prévaut, avec tous les cheminements incertains.

Jules Roy

Aimer la vie, c'est repousser les êtres qui veulent mourir.

Francis Picabia

Pour descendre en nous-mêmes, il faut d'abord nous élever.

Joseph Joubert

Seul mérite
l'amour et la vie
celui qui quotidiennement
doit les conquérir.

Johann Wolfgang von Goethe

Il faut des actions, et non pas des paroles.

Jean Racine

Celui qui
ne peut plus
éprouver
ni étonnement
ni surprise est
pour ainsi dire
mort ; ses yeux
sont éteints.

Albert Einstein

Quand nous ne savons plus faire un seul pas, la vie, elle, sait comment poursuivre. Là où nous désespérons de toute issue, elle en propose des dizaines. Il suffit de lui garder confiance. Il suffit d'aller jusqu'à ce point en nous, si ténu que le désespoir ne peut s'en saisir, comme il fait du reste.

Christian Bobin

Il faut répandre l'espoir, non la crainte ; et cultiver en commun la joie, vrai trésor humain. C'est le secret des grands sages, et ce sera la lumière de demain.

Alain

À qui sait aimer, les heures
sont roses,
Car c'est le Bonheur qu'elles
font germer.

Xavier Privas

Homme, tout affronter vaut
mieux que tout comprendre.
La vie est à monter, et non
pas à descendre...

Émile Verhaeren

Ta vie est ce que tu as donné.

Georges Séféris

Il faut un obstacle nouveau
pour un savoir nouveau.

Henri Michaux

Un petit bonheur
n'est pas le bonheur.

Remco Campert

Ce n'est pas seulement le monde qu'il s'agit de changer ; mais l'homme. D'où surgira-t-il, cet homme neuf ? Non du dehors. Camarade, sache le découvrir en toi-même, et, comme du minerai l'on extrait un pur métal sans scories, exige-le de toi, cet homme attendu.

André Gide

Créer, c'est penser plus fortement.

Pierre Reverdy

Dans l'écoulement des échos,
saisir le mot majeur. Bonheur !
s'il est le moins modulé.

René Char

J'ai appris qu'une vie
ne vaut rien, mais que rien
ne vaut une vie.

André Malraux

Exister, c'est insister.

Ben Salem Himmich

Non seulement je vis, mais
j'aime la vie à crier, quand on
veut m'en priver fût-ce d'une
parcelle, d'un gramme.

Alain Jouffroy

Ne passez pas vos jours à vous passer de vie.

Claude Roy

Ne crois pas que tu t'es trompé de route, quand tu n'es pas allé assez loin.

Claude Aveline

Vivez, ah ! vivez donc,
et qu'importe la suite !
N'ayez pas de remords,
vous n'êtes pas Juge.

Blaise Cendras

Le paradis terrestre est où je suis.

Voltaire

Les grands
hommes n'ont fait
de grandes choses
que parce qu'ils
étaient inspirés
par un idéal.
On a besoin
d'accrocher sa
charrue aux
étoiles.

Ralph Waldo Emerson

Rien ne vaut ce jour d'aujourd'hui.

Johann Wolfgang von Goethe

Les artères qui partent du cœur y reviennent : tout n'est qu'une seule vie, brûlante, éternelle.

Friedrich Hölderlin

Connais-toi, mais réserve-toi des surprises.

Jacques Deval

Le bonheur de l'homme n'est pas dans la liberté, mais dans l'acceptation d'un devoir.

André Gide

Dans le vaste organisme qu'est un être humain toujours reste une zone qui veille, qui recueille, qui amasse, qui a appris, qui sait maintenant, qui sait autrement. Retrouver ce savoir.

Henri Michaux

Il faudrait toujours savoir sourire.

Pierre Teilhard de Chardin

Aujourd'hui je suis peut-être l'homme le plus heureux du monde.
Je possède tout ce que je ne désire pas.

Blaise Cendras

Ce n'est pas parce que
les choses sont difficiles que
nous n'osons pas. C'est parce
que nous n'osons pas que
nous les jugeons difficiles.

Sénèque

La vie est une chose grave,
il faut gravir.

Pierre Reverdy

Et ne regrettez rien si, libre,
vous tracez un beau sillage.

Natalie Clifford Barney

Seule une vie vécue pour les
autres vaut la peine d'être vécue.

Albert Einstein

Il n'y a de joie qu'éternelle.

André Frossard

Je ne te demande pas
de tout me donner
je te demande d'oser
le meilleur de toi.

Jacques Salomé

Un homme est la somme de ses actes, de ce qu'il a fait, de ce qu'il peut faire.

André Malraux

Quand vous aurez cessé
de songer au bonheur,
vous l'aurez trouvé.

Charles Secrétan

Le malheur ne s'admet point. Seul le bonheur semble dû.

Raymond Radiguet

Si une chose est possible à l'homme, dis-toi qu'elle est à ta portée.

Jacques Deval

Voir le jour se lever est plus utile que d'entendre la Symphonie pastorale.

Claude Debussy

Allez à l'essentiel : n'avez-vous pas besoin de jeunes arbres pour reboiser la forêt ?

René Char

On n'atteint pas le ciel
par un simple saut
Mais nous construisons
l'escalier pour l'atteindre.

J.-C. Holland

J'avais déjà remarqué que
les gens heureux sont graves.
Ils portent en eux, avec
précaution, leur cœur, comme
un verre plein que le moindre
mouvement peut faire
déborder ou briser.

Jules Barbey d'Aurevilly

L'on devrait pouvoir à tous
poèmes donner ce titre :
" Raisons de vivre heureux "...

Francis Ponge

La grandeur de l'homme est dans sa décision d'être plus fort que sa condition.

Albert Camus

La vie. Bien agiter avant l'usage.

Miguel de Unamuno

" Nous avons inventé le bonheur ", diront les derniers hommes et ils cligneront de l'œil.

Friedrich Nietzsche

Le bonheur n'est pas le but mais le moyen de la vie.

Paul Claudel

La plupart
des hommes ont
un moment dans
leur vie où
ils peuvent faire
de grandes choses,
c'est celui où rien
ne leur semble
impossible.

Stendhal

Le bonheur, c'est de le chercher.

Jules Renard

Ma tristesse m'a mis en nécessité
de rire davantage.

Julos Beaucarne

Sachez tenir pour préférable ce qui vous coûte le plus d'efforts...

André Gide

Seul le bonheur est sans mystère parce qu'il se justifie par lui-même.

Jorge Luis Borges

Le bonheur, c'est tout de suite ou jamais.

Marcel Jouhandeau

Je ne crois pas que la vie soit faite pour résoudre les questions, elle est faite pour les vivre.

Raymond-Léopold Bruckberger

Un rêve qui ne devient pas réalité est un rêve qui n'a pas été assez rêvé.

Robert Sabatier

Être libre, ce n'est point pouvoir faire ce que l'on veut, mais c'est vouloir ce que l'on peut.

Jean-Paul Sartre

Du bonheur qui n'est que de l'anxiété différée. Du bonheur bleuté, d'une insubordination admirable, qui s'élance du plaisir, pulvérise le présent et toutes ses instances.

René Char

Le seul intérêt est de croire à la vie, de l'aimer et de mettre toutes les forces de son intelligence à mieux la connaître.

Émile Zola

Il y a cinq degrés pour arriver à être sage : se taire, écouter, se rappeler, agir, étudier.

Proverbe arabe

Le plus grand bien que nous faisons aux autres hommes n'est pas de leur communiquer notre richesse, mais de découvrir la leur.

Louis Lavelle

Le seul fait d'exister est un véritable bonheur.

Blaise Cendrars

L'avenir c'est ce qui dépasse, la main tendue.

Louis Aragon

Plus je vieillis, plus j'ai d'avenir.

Léon Bloy

Le bonheur vient,
nous touche et nous parle
à genoux.
Pressons nos mains.
Sois grave. Écoute encor...
Personne
N'est plus heureux, ce soir,
n'est plus divin que nous.

Pierre Louÿs

L'essentiel est l'emploi de la vie, non sa durée.

Sénèque

Ce que l'on n'a point assez dit, c'est que c'est un devoir aussi envers les autres que d'être heureux.

Alain

Ne
désespérez
jamais.
Faites infuser
davantage.

Henri Michaux

Philosophes écoutez cette
phrase est pour vous
Le bonheur est
un astre volage
Qui s'enfuit à l'appel de bien
des rendez-vous
Il s'efface il se meurt
devant nous
Quand on croit qu'il est loin
il est là tout près d'nous
Il voyage il voyage il voyage
Puis il part il revient
il s'en va n'importe où
Cherchez-le il est
un peu partout...

Charles Trenet

On n'a pas le droit d'être
heureux tout seul.

Raoul Follereau

Le matériau de la vie n'est pas la stabilité et l'harmonie quiète, mais plutôt la lutte permanente entre les contraires.

Yussof Murad

Essaie de faire ton devoir et tu sauras tout de suite ce que tu vaux. Mais qu'est-ce que ton devoir ? Ce qu'exige l'heure présente.

Johann Wolfgang von Goethe

Le bonheur, c'est d'être cerné de mille désirs, d'entendre, autour de son corps, craquer des branches.

François Mauriac

Rien de grand ne se fait sans passion.

Friedrich Hegel

Le succès ne dépend pas tant de l'aide extérieure, que de la confiance en soi.

Abraham Lincoln

Pour descendre en nous-mêmes, il faut d'abord nous élever.

Joseph Joubert

Le rêve est explosif.
Éclate.
Redeviens soleil.

Octavio Paz

Manquer de certaines choses
que l'on désire, est une
des conditions indispensables
au bonheur.

Bertrand Russell

Ce ne sont pas les moyens
de capturer le bonheur
qui manquent à l'homme ;
c'est la détermination de
le conquérir. Il faut réhabiliter
le bonheur.

J. de Ricaumont

Qui oserait dire que,
pour ceux qui sont dignes
de la joie, ce qui est nouveau
ne soit pas beau ?

Guillaume Apollinaire

La vie est l'arc ;
et la corde est le rêve.

Romain Rolland

Voyez-vous... dans la vie,
il n'y a pas de solutions.
Il y a des forces en marche :
il faut les créer, et
les solutions suivent.

Antoine de Saint-Exupéry

L'extraordinaire est dans la
profondeur de l'ordinaire !

Karlfried Graf Dürkeim

Si la route est aisée, inventons
l'obstacle.

Robert Sabatier

Vivre ?... c'est rejeter constamment loin de soi ce qui veut mourir. Vivre ?... C'est être cruel, c'est être impitoyable pour tout ce qui vieillit et s'affaiblit en nous, et même ailleurs.

Friedrich Nietzsche

Apprenons, avant toutes choses, à n'être pas éblouis du bonheur qui ne remplit pas le cœur de l'homme.

Jacques Bénigne Bossuet

Je crois qu'on ne peut vivre qu'en cherchant à devenir meilleur, ni plus agréablement qu'en ayant la pleine conscience de son amélioration.

Socrate

Le bonheur est une bulle de savon qui change de couleur comme l'iris et qui éclate quand on la touche.

Honoré de Balzac

Vivre, c'est avoir foi. Est vivant, celui qui pratique l'absence totale de doute ; comme la plante, comme l'animal. Hors de cette foi, c'est fini, on crève.

Alphonse de Chateaubriant

Nous ne voulons pas
être tristes
C'est trop facile
C'est trop bête
C'est trop commode
On en a trop souvent
l'occasion
C'est pas malin
Tout le monde est triste
Nous ne voulons plus
être tristes.

Blaise Cendrars

Ose devenir qui tu es.
Sache te redire sans cesse :
" Il ne tient qu'à moi. "

André Gide

Chaque homme doit inventer son chemin.

Jean-Paul Sartre

Le bonheur, c'est d'être heureux ; ce n'est pas de faire croire aux autres qu'on l'est.

Jules Renard

Il ne faut cesser de s'enfoncer dans sa nuit : c'est alors que brusquement la lumière se fait.

Francis Ponge

Pour être heureux, la consigne est de ne pas changer de place, de ne se vouloir à aucun moment ni à aucun prix un autre ou ailleurs, d'installer le bonheur où l'on est, où que l'on soit et tout de suite, le privilège de l'Homme étant peut-être après tout de pouvoir faire du bonheur avec tout.

Marcel Jouhandeau

Faire au moins une fois
ce qu'on ne fait jamais. Suivre,
ne serait-ce qu'un jour,
une heure, un autre chemin
que celui où le caractère
nous a mis.

Christian Bobin

Il faut que la pensée voyage et contemple, si l'on veut que le corps soit bien.

Alain

L'action est la vraie fête de l'homme.

Johann Wolfgang von Goethe

La vie est magnifique aussi longtemps qu'elle vous consume.

David Herbert Lawrence

Si le bonheur n'est pas au monde, nous partirons à sa rencontre.

Jean Malrieu

Dans la
complexité trouvez
la simplicité.
Dans la discorde
trouvez l'harmonie.
Au milieu de la
difficulté se trouve
l'opportunité.

Albert Einstein

Que dit ta conscience ?
" Tu dois devenir qui tu es. "

Friedrich Nietzsche

Le bonheur... ça compte ; pourquoi le refuser. En l'acceptant, on n'aggrave pas le malheur des autres ; et même, ça aide à lutter pour eux. Je trouve regrettable cette honte qu'on éprouve à se sentir heureux.

Albert Camus

Le succès ne dépend pas tant de l'aide extérieure, que de la confiance en soi.

Abraham Lincoln

Et maintenant, je dois avouer l'impardonnable, le scandale, dans une période qui méprise le bonheur : je suis heureux. Et je vais vous confier le secret de mon bonheur. Il est simple. J'aime autrui. J'aime aimer. Je hais la haine. Je m'efforce de comprendre et d'admettre.

Jean Cocteau

Le secret du bonheur, c'est de le vouloir vraiment.

Manuel Devaldès

L'espérance est un emprunt fait au bonheur.

Joseph Joubert

Ne crois pas que ta vérité puisse être trouvée par quelque autre.

André Gide

Agir en s'élevant au-dessus de soi, c'est aimer, car il est impossible d'agir sans but ; mais une action qui ne tend qu'à un but sensible, à un but égoïste, comme le bonheur, n'est pas une action véritable. Autrement dit, l'acte réel, véritable, c'est l'acte de l'amour.

Jules Lagneau

Le bonheur rend généreux.

Brice Parain

Ce qui barre la route fait faire du chemin.

Marc Aurèle

Mieux on remplit sa vie, moins on craint de la perdre.

Alain

La santé rend heureux, c'est cela surtout qui est vrai. Mais l'effet inverse existe aussi. Un homme heureux a moins de chances de tomber malade.

Bertrand Russel

Au fond, le sel de la vie, c'est ce qui contraint à des efforts.

Jean Dutourd

Le bonheur ne passe
qu'une fois
prenez-le quand il vous
appelle
le bonheur ne passe
qu'une fois
Prenez-le quand il vous
tend les bras
Prenez-le quand il effleur'
d'un grand coup d'aile
Notre p'tit cœur comme un
oiseau effleure un ciel de joie

Charles Trenet

La plupart des hommes font du bonheur une condition. Mais le bonheur ne se rencontre que lorsqu'on ne pose pas de condition.

Arthur Rubinstein

Ce qu'il y a d'admirable dans le bonheur des autres, c'est qu'on y croit.

Catulle Mendès

Le bonheur n'est jamais triste ou gai. Il est le bonheur.

Armand Salacrou

Hâte-toi de bien vivre et songe que chaque jour est à lui seul une vie.

Sénèque

Toutes les fleurs de l'avenir sont dans les semences d'aujourd'hui.

Proverbe chinois

La vie ne recopie jamais. Il n'est pas deux printemps identiques. L'essentiel est d'avoir gardé vivante, à travers les frimas, la souche originelle d'où peuvent surgir de nouveaux bourgeons.

Raymond-Léopold Bruckberger

Un homme sans défauts est une montagne sans crevasses. Il ne m'intéresse pas.

René Char

Le bonheur s'attache aux plus fragiles aspects, et naît, de préférence, des choses minimes et du vent.

Robert Brasillach

Voilà donc le bonheur !... Vous pouvez avaler sans crainte ; on n'en meurt pas.

Charles Baudelaire

La joie est le nerf de toutes les affaires humaines.

Pierre Bayle

C'est proprement ne valoir rien que de n'être utile à personne.

René Descartes

Quand l'homme croit se dépasser, il n'est encore qu'au commencement de soi.

Maurice Maeterlinck

Le plus grand secret du bonheur, c'est d'être bien avec soi.

Bernard de Fontenelle

La vérité, c'est de chercher toujours la vérité.

Romain Rolland

Nos moments de lumière sont des moments de bonheur ; quand il fait clair dans notre esprit, il y fait beau.

Joseph Joubert

Ne peut rien pour le bonheur d'autrui celui qui ne sait être heureux lui-même.

André Gide

La chance est un hasard, le bonheur une vocation.

Alexandru Vlahuta

Le bonheur c'est une neige sur la montagne, une neige lumineuse, argentée, bleuie, parfaite, une neige trop poudreuse qui ne tient pas, qui glisse au premier bruit et c'est l'avalanche du chagrin, la coulée aveuglante du désastre.

Christian Bobin

Le dernier pas dépend du premier. Ne te crois pas arrivé parce que tu vois la cime. Veille à tes pieds, assure ton pas prochain, mais que cela ne te distraie pas du but le plus haut. Le premier pas dépend du dernier.

René Daumal

Ce qui me paraît évident, c'est qu'il est impossible que l'on soit heureux si l'on ne veut pas l'être ; il faut donc vouloir son bonheur et le faire.

Alain

Si vous voulez être heureux, soyez-le.

Léon Tolstoï

Il s'agit de réussir sa vie et non de réussir dans la vie.

Georges Duhamel

Le vent se lève !... Il faut tenter de vivre !

Paul Valéry

Quand deux sages confrontent leurs idées, ils en produisent de meilleures ; le jaune et le rouge mélangés produisent une autre couleur.

Proverbe tibétain

La Vie attire, comme la joie.

Henri de Lubac

Tout homme qui n'aide pas à mon perfectionnement : zéro.

Henri Michaux

Comme mes mains sont petites, par rapport à tout ce que la vie a voulu me donner !

Ramón Sender

Chaque matin,
je réinvente ma vie.
J'ai toujours veillé à
ce que personne
ne prenne le soin de
l'inventer pour moi.
Pour ça, il faut
se lever encore
plus tôt que ceux
à qui l'avenir est
censé appartenir.

Philippe Kosta

Tant de vies sont nées en marchant.

Jacques Hérold

Les petites choses n'ont l'air de rien, mais elles donnent la paix... Dans chaque petite chose, il y a un ange.

Georges Bernanos

Ce que tu fais, fais-le suprêmement.

Fernando Pessoa

Donne toujours plus que tu ne peux reprendre. Et oublie.

René Char

J'aime celui qui rêve
l'impossible.

Johann Wolfgang von Goethe

Il s'agit de t'avancer,
ne fût-ce que d'un pas,
sur le chemin de ta
ressemblance avec
ce que tu veux être.
Il s'agit de faire avancer
le monde, ne fût-ce
que d'un pas, sur le chemin de
sa ressemblance avec ce que
tu veux qu'il soit.

Thierry Maulnier

Tout est perdu sauf le
bonheur.

Jacques Prévert

Je voudrais, par un effort infini, élever cette vie jusqu'à l'éternité.

August Wilhelm Shlegel

J'apprends chaque jour pour enseigner le lendemain.

Émile Faguet

Les fous font les nœuds et les sages les dénouent.

J. Clarke

C'est le commencement, le monde est à repeindre, l'herbe veut être verte, elle a besoin de mes regards.

Jean Tardieu

Ce sont les Grecs qui
nous ont légué le plus beau
mot de notre langue :
le mot " enthousiasme "
– du grec en theo,
un Dieu intérieur.

Louis Pasteur

Nos moments de bonheur
nous arrivent par surprise.
Ce n'est pas nous qui les
créons, ce sont eux qui
s'emparent de nous.

Montagu

Choisis la voie qui monte,
c'est celle qui t'apportera le
bonheur.

Jean Salem

**C'est un devoir
que d'être heureux.**

André Gide

**L'héroïsme est peu de chose,
le bonheur est plus difficile.**

Albert Camus

**Le bonheur se faufile par une
porte qu'on ne savait pas avoir
laissé ouverte.**

John Barrymore

**C'est en vain qu'on cherche au
loin son bonheur quand on
néglige de le cultiver
en soi-même.**

Jean-Jacques Rousseau

Faire un homme heureux,
c'est mériter de l'être.

Jean-Jacques Rousseau

" Aidez-moi à supporter
mon bonheur ! "
Voilà un appel qu'on
n'entend jamais – et
qu'il m'est arrivé
quelquefois de vouloir
articuler.

Emil Michel Cioran

La volonté est tout. Rien ne
résiste, les montagnes
s'écroulent et les mers se
retirent, devant une
individualité qui agit.

Émile Zola

L'avenir, tu n'as pas à le prévoir, mais à le permettre.

Antoine de Saint-Exupéry

Étudiez comme si vous deviez vivre toujours ; vivez comme si vous deviez mourir demain.

Isidore de Séville

La plus perdue de toutes les journées est celle où l'on n'a pas ri.

Nicolas de Chamfort

La vie est une tempête...
Il faut s'accoutumer
à tenir la mer.

Alfred de Vigny

Il n'y a pas
de honte à être
heureux.
Mais aujourd'hui
l'imbécile est roi,
et j'appelle
imbécile celui
qui a peur
de jouir.

Albert Camus

La vie, c'est ce dont
on s'empare.

Louis Guilloux

Quand tu te lèves le matin,
remercie pour la lumière du
jour, pour ta vie et ta force.
Remercie pour la nourriture et
le bonheur de vivre. Si tu ne
vois pas de raisons de
remercier, la faute repose en
toi-même.

Tecumseh

Toutes les expériences sont
équivalentes, il convient
seulement d'en acquérir la
plus grande quantité possible.

Jean-Paul Sartre

Le bonheur est parti
on le demande ailleurs
Mais la Terre est trop petite
pour un trop grand
malheur
Le bonheur en partant
a dit qu'il reviendrait.

Jacques Prévert

L'avenir est quelque chose qui se surmonte. On ne subit pas l'avenir, on le fait.

Georges Bernanos

Heureux ceux qui peuvent dire simplement d'une belle chose : " Voilà une chose qui est belle ! "

Jules Renard

Intoxiqué par le bonheur, je ne pouvais pas m'en passer.

Jacques Prévert

Le plaisir est le bonheur des fous. Le bonheur est le plaisir des sages.

Jules Barbey d'Ayrevilly

Chercher le bonheur dans cette vie, c'est là le véritable esprit de rébellion.

Henrik Ibsen

Le bonheur est contagieux : entourez-vous de visages heureux.

Dominique Glocheux

Le plus souvent, on cherche son bonheur comme on cherche ses lunettes : quand on les a sur le nez.

François Droz

Chacun est responsable de tous. Chacun est seul responsable. Chacun est seul responsable de tous.

Antoine de Saint-Exupéry

Regardez comme il fait doux, le ciel, les arbres, cette respiration du soleil... Allez, vivez davantage, cessez de ne voir que les forces de destruction et de malheur !

François Mitterrand

Malheur à qui n'a plus rien à désirer ! Il perd pour ainsi dire tout ce qu'il possède. On jouit moins de ce qu'on obtient que de ce qu'on espère, et l'on n'est heureux qu'avant d'être heureux.

Jean-Jacques Rousseau

Pourquoi obstrue-t-on le chemin qui conduit aux trésors que l'on possède ? Quelle force nous fait si peur devant l'inaction ? C'est la porte, seulement la porte qui est lourde à pousser. Étrange que notre nature possède à la fois la possibilité de l'éveil et la crainte de s'y donner.

Olivier Germain-Thomas

Une journée dans laquelle on a dix petites joies – celle de renifler une tasse de café le matin et de la boire, celle de marcher le long d'un trottoir un jour où il y a un peu de soleil avec des reflets de platane, des ombres de platane sur le trottoir – j'appelle ça une journée heureuse.

Georges Simenon

Il faut mener un homme, tout homme, jusqu'à lui-même et lui apprendre à se construire.

Jean Guéhenno

Le bonheur ne se multiplie qu'en se divisant.

Gilbert Cesbron

La vie passe, mystérieuse caravane, dérobe-lui sa minute de joie !

Omar Khayyam

L'homme cherche sa propre densité et non pas son bonheur.

Antoine de Saint-Exupéry

J'ai pris le p'tit bonheur
L'ai mis sous mes haillons
J'ai dit : " Faut pas
qu'il meure,
Viens-t'en dans ma maison. "
Alors le p'tit bonheur
A fait sa guérison
Sur le bord de mon cœur
Y avait une chanson.

Félix Leclerc

La vie, je la trouve dans ce qui m'interrompt, me coupe, me blesse, me contredit. La vie, c'est celle qui parle quand on lui a défendu de parler, bousculant prévisions et pensées, délivrant de la morne accoutumance de soi à soi.

Christian Bobin

Ce n'est pas au moment où tu es las d'être toi que tu découvriras en toi la force de devenir un autre.

Joë Bousquet

On appelle " bonheur " un concours de circonstances qui permette la joie. Mais on appelle joie cet état de l'être qui n'a besoin de rien pour se sentir heureux.

André Gide

Si une forêt surgit pour vous empêcher d'avancer, écartez les arbres. Les ronces vous suivront.

Eugène Ionesco

Un bonheur tout uni nous devient ennuyeux ; il faut du haut et du bas dans la vie.

Molière

L'instant qui ne m'apporte pas un enrichissement ouvre en moi une blessure.

Joë Bousquet

Espérons l'impossible, car c'est peut-être une bassesse que de mettre son espoir en lieu sûr.

Natalie Clifford Barney

Sois heureux un instant, cet instant c'est ta vie.

Omar Khayyam

Il est difficile de trouver le bonheur en nous et impossible de le trouver ailleurs.

Nicolas de Chamfort

La vie, c'est ce que nous voulons impatiemment.

Yasmina Reza

Vivre, c'est peut-être monter
une côte raide,
chemin de raison, mais
toujours aride.

Jacinto-Luis Guereña

Espérer, c'est démentir l'avenir.

Emil Michel Cioran

Quand tu désires ardemment quelque chose, ton attitude crée une force positive et tout l'univers conspire à te permettre de réaliser ton rêve.

Paolo Coelho

Ce qui m'intéresse, ce n'est pas le bonheur de tous les hommes, c'est celui de chacun.

Boris Vian

Qui n'a pas vu la route de l'aube, entre deux rangées d'arbres, toute fraîche, toute vivante, ne sait pas ce que c'est que l'espérance.

Georges Bernanos

Un sourire pour se croire
plus grand que la vie.

Guy Lévis Mano

Si je ne me suis jamais
attaqué au bonheur,
dis-je, c'est peut-être
parce que c'est le seul
état dont on ne puisse
chuter sans dommages.
On ne guérit pas
d'un tel frôlement.

Yasmina Reza

Et vivre, c'est ne pas
se résigner.

Albert Camus

Le couple
heureux
qui se reconnaît
dans l'amour
défie l'univers
et le temps ;
il se suffit,
il réalise
l'absolu.

Simone de Beauvoir

Chacun doit recommencer de zéro presque toute l'aventure humaine pour lui seul.

M. Lemaire-Closset

La vie appartient à ceux qui la dressent, à ceux qui l'affrontent sans peur.

Frédéric Dard

L'existence tout entière est un combat ; la vie, c'est de la victoire qui dure.

Roger Martin du Gard

Le bonheur est de connaître ses limites et de les aimer.

Romain Rolland

Pour que la loi du progrès existât, il faudrait que chacun voulût la créer ; c'est-à-dire que quand tous les individus s'appliqueront à progresser, alors, et seulement alors, l'humanité sera en progrès.

Charles Baudelaire

L'impossible, nous ne l'atteignons pas, mais il nous sert de lanterne.

René Char

Quand vous dites aux gens que le bonheur est une question simple, ils vous en veulent toujours.

Bertrand Russell

L'homme " sain " n'est pas tant celui qui a éliminé de lui-même les contradictions : c'est celui qui les utilise et les entraîne dans son travail.

Maurice Merleau-Ponty

Vis ta vie. Ne sois pas vécu par elle.

Fernando Pessoa

Il est bien vrai que nous devons penser au bonheur d'autrui ; mais on ne dit pas assez que ce que nous pouvons faire de mieux pour ceux qui nous aiment, c'est encore d'être heureux.

Alain

Fais-leur comprendre
qu'ils n'ont d'autre devoir au
monde que la joie !

Paul Claudel

Lorsque l'esprit est plein de joie, cela sert beaucoup à faire que le corps se porte mieux et que les objets présents paraissent plus agréables.

René Descartes

Me révéler ! Tout d'abord
à mes propres yeux et,
sans doute, uniquement
à mes propres yeux.
Faire, enfin, naître en moi
l'homme que je cache.

Georges Duhamel

Il n'y a rien de plus beau qu'une clef, tant qu'on ne sait pas ce qu'elle ouvre.

Maurice Maeterlinck

Un lâche ne peut savoir ce qu'est le bonheur. Il faut du courage pour être heureux.

Armand Salacrou

Si tu n'espères pas, tu ne rencontreras pas l'inespéré.

Héraclite d'Éphèse

Que l'importance soit dans ton regard, non pas dans la chose regardée.

André Gide

Il n'y a au monde que deux
classes d'hommes : ceux
qui ont et ceux qui gagnent.
Les premiers se couchent,
les autres se remuent.

Alfred de Vigny

Rien ne commence jamais que
si on se le permet à soi-même.

Claude Mauriac

Prenez garde à la tristesse.
C'est un vice.

Gustave Flaubert

Avoir toujours au soir comme
une fraîcheur du matin.

Maurice Blondel

Les faibles ont des problèmes.
Les forts ont des solutions.

Louis Pauwels

Ne demande " que faire ? "
que celui dont le désir
s'éteint.

Jacques Lacan

La chance, c'est pas une
question de veine. Il faut
vouloir...

Henri Jeanson

L'homme est capable de faire
ce qu'il est incapable
d'imaginer.

René Char

Il est bon
de suivre
sa pente,
pourvu que
ce soit en
montant.

André Gide

Le vrai rêveur est celui qui rêve de l'impossible.

Elsa Triolet

Mais l'important, au fond, c'est la force de cette espérance naïve qui a tant de peine à tenir bon contre l'accumulation croissante des expériences de la vie. Tant que cet espoir persiste en toi, on peut aussi tout espérer encore de toi.

Elias Canetti

Donne ce que tu as. Pour certains, c'est mieux que tu n'oses l'espérer.

Henry Wadsworth Longfellow

Ce qui sauve, c'est de faire
un pas. Encore un pas.
C'est toujours le même pas
que l'on recommence...

Antoine de Saint-Exupéry

Le bonheur que j'attends, je le sais d'ailleurs, ce n'est pas la chance assurée : c'est la chance nue – demeurée libre – cantonnée orgueilleusement dans son aléa infini.

Georges Bataille

La vie humaine n'a de sens que dans la mesure où elle est au service d'un infini – qui pour nous est l'humanité.

Victor Serge

Il n'y a d'êtres que ceux qui créent. Tous les autres sont des ombres qui flottent sur la terre, étrangers à la vie. Toutes les joies de la vie sont des joies de créer : amour, génie, action – flambée de forces sorties de l'unique brasier.

Romain Rolland

L'audace réussit à ceux qui savent profiter des occasions.

Marcel Proust

Le bonheur est une récompense qui vient à ceux qui ne l'ont pas cherchée.

Alain

Ce n'est pas assez de posséder le soleil si nous ne sommes pas capables de le donner !

Paul Claudel

Quelle délicieuse chose qu'un être soit créé pour le bonheur d'un autre.

Henrik Ibsen

Ce n'est pas assez de posséder le soleil si nous ne sommes pas capables de le donner !

[illegible]

Quelle délicieuse chose qu'un être soit créé pour le bonheur d'un autre

[illegible]

Imprimé en France sur Presse Offset par

BRODARD & TAUPIN

GROUPE CPI

La Flèche (Sarthe).
N° d'imprimeur : 8337 – Dépôt légal Édit. 13586-08/2001
LIBRAIRIE GÉNÉRALE FRANÇAISE - 43, quai de Grenelle - 75015 Paris.
ISBN : 2 - 253 - 15057 - 6

31/5057/0